BEI GRIN MACHT SICH IHR WISSEN BEZAHLT

AF130142

- Wir veröffentlichen Ihre Hausarbeit,
  Bachelor- und Masterarbeit

- Ihr eigenes eBook und Buch -
  weltweit in allen wichtigen Shops

- Verdienen Sie an jedem Verkauf

Jetzt bei www.GRIN.com hochladen
und kostenlos publizieren

Bibliografische Information der Deutschen Nationalbibliothek:

Die Deutsche Bibliothek verzeichnet diese Publikation in der Deutschen National-
bibliografie; detaillierte bibliografische Daten sind im Internet über http://dnb.d-
nb.de/ abrufbar.

Impressum:

Copyright © 2018 GRIN Verlag
Druck und Bindung: Books on Demand GmbH, Norderstedt Germany
ISBN: 9783668742475

Dieses Buch bei GRIN:

https://www.grin.com/document/416786

Julia Hammer

Die Kinderrechte in Deutschland

Eine kommentierte Literaturliste

GRIN Verlag

GRIN - Your knowledge has value

Der GRIN Verlag publiziert seit 1998 wissenschaftliche Arbeiten von Studenten, Hochschullehrern und anderen Akademikern als eBook und gedrucktes Buch. Die Verlagswebsite www.grin.com ist die ideale Plattform zur Veröffentlichung von Hausarbeiten, Abschlussarbeiten, wissenschaftlichen Aufsätzen, Dissertationen und Fachbüchern.

Besuchen Sie uns im Internet:

http://www.grin.com/

http://www.facebook.com/grincom

http://www.twitter.com/grin_com

Bachelorstudiengang Bildung, Erziehung und Kindheit/Childhood Studies

Modul 1
WS 2017/2018

Kommentierte Literaturliste

Modul 1c
„Einführung in wissenschaftliches Arbeiten und Studieren"

Julia Hammer

Kinderrechte in Deutschland

1. Einführung in den Themenbereich/den Gegenstand der Arbeit

In dieser Arbeit befasse ich mich mit der aktuellen Situation der Kinderrechte in Deutschland. Dies ist ein wichtiges Thema für unser Arbeitsgebiet, da gewisse Grundkenntnisse unausweichlich sind bei Themen wie Kindeswohl und Rechtsansprüche von Minderjährigen. Kinder müssen über ihre Rechte aufgeklärt werden, genauso über ihre Möglichkeiten, wenn ihnen unrecht angetan wird. Viele wahren Stillschweigen über Misshandlungen oder ähnliches, da ihnen nie Nahegelegt wurde was Recht und Unrecht ist, wodurch sie wüssten was sie dagegen tun könnten und von wem sie Hilfe erhalten können in Notlagen. Ein weiterer Aspekt unserer Arbeit ist die mögliche Schwerpunktsetzung im Bereich der Kinderrechte z.B. als Kinderrechtsbeauftragte für Regierungen tätig zu sein. In den letzten Jahrzehnten gab es viele Veränderungen bezüglich der Kinderrechte, sowohl international als auch national. Besonders wichtig in diesem Zusammenhang ist die UN-Kinderrechtskonvention auf welche sich auch viele der vorgestellten Literaturen beziehen. Sie setzt den aktuellen Maßstab durch ihre Verbreitung und Anerkennung und es wird stetig an ihrer Umsetzung gearbeitet. Ein weiteres sehr aktuelles Thema in Deutschland ist die Frage, ob Kinderrechte zusätzlich in das Grundgesetz aufgenommen werden sollten, oder bereits zur Genüge abgedeckt sind.

2. Quellen

2.1 Braches-Chyrek, Rita (2012): Kinderrechte in Familien – Internationale Perspektiven. In: Böllert, Karin/Peter, Corinna (Hrsg.): Mutter + Vater = Eltern? Sozialer Wandel, Elternrollen und Soziale Arbeit. Wiesbaden, Springer VS, S. 81-97, online unter:

https://ebookcentral.proquest.com/lib/ehdarmstadt/reader.action?docID=970910&query=kinderrechte+in+familien# [Abruf am 03.03.2018]

2.1.1 Kurzbeschreibung des Inhalts

Braches-Chyreks Artikel beginnt mit einer kurzen geschichtlichen Einleitung, sie beginnt etwa im 18. Jahrhundert. „Konzeptuelle Grundlagen der neuen Kindheitsforschung" nennt sich das erste Kapitel und behandelt wichtige Begriffe der Kindheitsforschung wie „*agency* und *voice*", sowie als wissenschaftliche Grundlage den Sozialbericht der Bundesregierung. Das zweite Kapitel „Kinder als Teil von Familie und Gesellschaft" hat den Stellungswechsel in der Gesellschaft zu Thema, den Weg vom Objekt zum Subjekt des Kindes. Es werden drei analytische Ebenen im Bezug der Umsetzung von Kinderrechten unterschieden, 1. Kinder als Teil einer Familie, 2. Kinder als Individuen und 3. Kinder als Mitglieder einer Gesellschaft. Das folgende Kapitel „Kinderrechte in Familien" beschäftigt sich vor allem mit den Rechtsbereichen „*protection, provision* und *participation*". Zum Thema „Kinderrechte in Gesellschaften" werden hier wichtige Begriffe wie „*nurturance* und *self-determination*" aufgegriffen. Anschließend erfolgt eine Darstellung der Kinderrechte in Deutschland von etwa 1960 bis heute. Das letzte Kapitel stellt eine Diskussion zum Thema Kinderrechte mit verschiedenen zum Teil kritischen Ansichten dar.

2.1.2 Kommentierung

Dieses Werk ist mein erster richtiger Umgang in einer wissenschaftlichen Arbeit mit E-Books Material. Ich muss sagen, ich war skeptisch, bin nun aber positiv überrascht. Das Sammelwerk wurde durch seine online Darstellung sehr viel übersichtlicher wie gedruckte Vergleichsmaterialien. Zudem bin ich sehr von Braches-Chyreks Schreibstil überzeugt, auch wenn es viele Fußzeilen gibt empfinde ich den Text nicht als zu unübersichtlich. Die Aufteilung ist sinnvoll und leicht nachvollziehbar. Besonders ins Auge fiel mir der frühe geschichtliche Einstieg in der Einleitung, sie beginnt bereits bei einer Beschreibung der Kinderrechte im 18. Jahrhundert, alle anderen Werke in meiner Arbeit beginnen in der Regel kurz vor der Ratifizierung der UN-Kinderrechtskonvention, also ca. 1960. Im ersten Kapitel werden Grundbegriffe für die folgenden Kapitel in Bezug der neueren Kindheitsforschung dargestellt, Beispiele hierfür sind die Erklärung der Funktion eines Sozialberichtes, der Definition des Begriffs Kindheit in Form einer kulturellen und zeitlichen Eingrenzung und *agency* und *voice*. Die Bedeutung des Begriffes Kindheit und die Problematik und Widersprüchlichkeit der Kindheitspädagogik werden dargestellt. „Kinder als Teil von Familie und Gesellschaft" als zweites Kapitel baut sich in drei Ebenen auf, jeweils besteht eine Ausarbeitung in Stichpunkten, ich bevorzuge diese Darstellungsvariante in diesem Fall, da sie den Text auflockert und so schneller gezielt Informationen gesammelt werden können.

Die der analytischen Ebenen der Kinderrechte in Familie und Gesellschaft baut sich wie folgt auf: 1. Kinder als Teil einer Familie, 2. Kinder als Individuen und 3. Kinder als Mitglieder einer Gesellschaft. Der folgende Teil über Kinderrechte in Familie befasst sich Hauptsächlich mit den Rechtsbereichen *protection, provision* und *participation*. Diese werden jeweils in eigenen Abschnitten erläutert. Eher chronologisch ist dagegen der Teil „Kinderrechte in Gesellschaften" aufgebaut. Zu Beginn wird der Unterschied zwischen „nurturance" und „self-determination" erklärt und anschließend erfolgt eine Darstellung der Veränderungen der Kinderrechtssituation in Deutschland ab den 1960er Jahren. Abschließend gibt es einen Einblick in die Diskussionen über Kinderrechte, über die Beschränkungen der UN-Kinderrechtskonvention durch Klassenspaltungen und defizitorientierte Betrachtung der heutigen Jugend. Ich persönlich halte sehr viel von diesem Artikel, er ist nicht zu Einfach geschrieben, es wird gut und nachvollziehbar argumentiert und sachlich begründet. Für meine Arbeit an dem Thema „Kinderrechte in Deutschland" ist dies einer meiner Favoriten.

2.2 Bundesministerium für Familie, Senioren, Frauen und Jugend (Hrsg.) (2014): Übereinkommen über die Rechte des Kindes. VN-Kinderrechtskonvention im Wortlaut und Materialien. Niestetal: Silber Druck oHG (5. Auflage)

2.2.1 Kurzbeschreibung des Inhalts

Das Buch ist eingeteilt in 5 Kapitel welche sich auf 114 Seiten verteilen. Das erste Kapitel beinhaltet die amtlichen Übersetzungen der Artikel. Im zweiten Kapitel wird die Entstehungsgeschichte und einzelne Artikel erläutert. Die letzten drei Kapitel befassen sich mit Fakultativprotokollen in Themen wie Kinder in bewaffneten Konflikten, Verkauf von Kindern, Mitteilungsverfahren.

2.2.2 Kommentierung

Durch alle Nennungen der Artikel der UN-Kinderrechtskonvention, bildet dieses Buch einen optimalen Einstieg in das Thema. Ein einfaches Nachschlagen durch die gute Übersicht ermöglicht schnelle Einsicht in alle Themen der Kinderrechtskonvention. Im zweiten Teil werden dazu noch spezifischere Ausarbeitungen mit kleinen Fallbeispielen genannt. Die letzten drei Kapitel, welche Fakultativprotokollen enthalten sind fachlich gesehen besonders am Ende gut zusammengefasst und ermöglichen in jeweils deren Themengebiet einen guten Einblick über den aktuellen Stand in der Gesellschaft (international), allerdings sind diese für meine Arbeit nicht weiter von Interesse da diese besonders auf Krisengebiete abzielen. Die ersten beiden Kapitel bieten eine gute und verständliche Grundlage zur Weiterarbeit zum Thema Kinderrechte in Deutschland.

2.3 Cremer, Hendrik (2006): Der Anspruch des unbegleiteten Kindes auf Betreuung und Unterbringung nach Art. 20 des Übereinkommens über die Rechte des Kindes. Seine Geltung und Anwendbarkeit in der Rechtsordnung der Bundesrepublik Deutschland. Baden-Baden: Nomos Verlagsgesellschaft

2.3.1 Kurzbeschreibung des Inhalts

Dieses Werk ist in drei Teile und dann weitere Kapitel und Unterthemen eingeteilt, insgesamt umfasst es 249 Seiten. Zuerst werden Grundlagen zum Thema unbegleitete Kinder erklärt. Der zweite Teil befasst sich mit dem „Anspruch des unbegleiteten Kindes auf Betreuung und Unterbringung nach Art. 20 KRK" (S.82). Der dritte und letzte Teil befasst sich mit der tatsächlichen Umsetzbarkeit des Art. 20 der KRK in Deutschland.

2.3.2 Kommentierung

Das Buch ist eine Publikation im Rahmen einer Dissertation zum Thema minderjährige Flüchtlinge in Deutschland und ihr Anspruch auf Betreuung und Unterbringung aktuell in Deutschland. Fachlich gesehen finde ich es sehr gut formuliert und übersichtlich gestaltet, allerdings empfinde ich das Thema als zu spezifisch für eine recht kurze Ausarbeitung der aktuellen Situation der Kinderrechte in Deutschland. Überzeugend finde ich die guten Darstellungen der Unterscheidungen zwischen verschiedenen Fluchtgründen und deren Erläuterung sowie Konsequenzen in Bezug auf Art. 20 der KRK. Allgemein wird die Kinderrechtskonvention sehr oft benannt und ausführlich behandelt. Zudem wird es zu der Theorie wie es laut der Konvention laufen sollte, ein Vergleich zur aktuellen Situation und realen Umsetzung der eigentlichen Vorgaben gegeben. Generell beruft sich Cremer darauf, den Art. 20 der Kinderrechtskonvention immer über dem deutschen Grundgesetz zu sehen, da es sich um eine Völkerrechtliche Bestimmung handelt. Allgemein ist dieses Buch eine gute Quelle zum Thema minderjährige Flüchtlinge, allerdings für mein Thema nur in wenigen Punkten anwendbar durch die starke Spezifizierung auf ein spezielles Thema.

2.4 Geiger, Gunter (Hrsg.) (2011): Kinderrechte sind Menschenrechte! Kinderrechte in Deutschland. Opladen, Berlin, Farmington Hills: Barbara Budrich

2.4.1 Kurzbeschreibung des Inhalts

Sieben verschiedene Autoren behandeln in acht Kapiteln des Buches das Thema Kinderrechte aus verschiedenen Perspektiven. Es beginnt mit einer Einführung in das Thema durch die UN-Kinderrechtskonvention. Die weiteren Kapitel werden spezifischer eingegrenzt und behandeln einzelne Thematiken wie „Kinderrechte im Grundgesetz?" Inklusive Bildung, Flüchtlingskinder in Deutschland. Das Buch hat insgesamt 168 Seiten, die einzelnen Kapitel werden jeweils auf etwa 20 Seiten behandelt.

2.4.2 Kommentierung

Dieses Buch behandelt das Thema Kinderrechte mit dem aktuellen Hintergrund der Finanz- und Wirtschaftskrise mithilfe von Experten aus verschiedenen Bereichen wie Wissenschaft, Kirche, Politik und Gesellschaft. Diese verschiedenen Perspektiven bieten ein breites Spektrum an Meinungen und geben Anstöße zum kritischen Überdenken der aktuellen Situation in Deutschland. Gleich zu Beginn in der Erläuterung der Kinderrechte werden auch kritische Aspekte wie die mögliche Zeitgebundenheit der UN-Kinderrechtskonvention erwähnt und diskutiert. Hilfreich ist die Zitierung der Artikel wenn diese behandelt werden, so hat man diese direkt vor Augen und erspart sich ein eventuelles Nachschlagen in einem weiteren Werk, somit bleibt die Aufmerksamkeit bei dem Artikel und ermöglicht ein tieferes Einsteigen in die Thematik. Zudem ist zu betonen, dass die Artikel jeweils verschiedene Seiten des Themas beleuchten, die so werden zum Beispiel sowohl Vor- als auch Nachteile der Inklusiven Bildung erläutert, als auch Bezüge zur Realität hergestellt indem aktuelle Zahlen in Bezug auf das Thema genannt werden. Für mein Empfinden ist das Werk in seiner Auswahl der Themen in den Kapiteln sehr gut für meine Arbeit geeignet, durch seine klare Gliederung ist ein schnelles Nachschlagen von speziellen Gebieten möglich als auch ein guter Gesamteindruck über alle Themen zu erlangen. Ebenfalls positiv finde ich die Auswahl der mitwirkenden Autoren, da es sich nicht ausschließlich um Pädagogen handelt, sondern auch um Personen aus der Politik, Kirche und Wissenschaft wodurch viele weitere Perspektiven aufgegriffen werden.

2.5 Hartwig, Luise/Mennen, Gerald/Schrapper, Christian (Hrsg.) (2016): Kinderrechte als Fixstern moderner Pädagogik? Grundlagen, Praxis, Perspektiven. Weinheim und Basel: Beltz Juventa

2.5.1 Kurzbeschreibung des Inhalts

Der Sammelband erstreckt sich über 315 Seiten und ist Aufgeteilt in vier Hauptteile die sich wie folgt Kennzeichnen. Der erste Teil „Grundlagen", der zweite Teil bezieht sich auf die „Praxis", der dritte verschiedene „Perspektiven" und der vierte bildet ein „Schlusskapitel". Die Autoren behandeln in diesen großen Teilbereichen jeweils kleinere Unterthemen im genaueren spezifisch auf Thema gerichtet. Das Spektrum der Themengebiete ist sehr breit gefächert und nicht auf eine Haltung beschränkt.

2.5.2 Kommentierung

Das Cover mit der provokativen Frage „Kinderrechte als Fixstern moderner Pädagogik?" gibt schon einen ersten Einblick auf die Herangehensweise der Autoren, es wird bewusst ein Denkanstoß gegeben über die Begrifflichkeiten „moderne Pädagogik" und ihre Ziele und Grenzen. In Teil I: Grundlagen erläutern mehrere Autoren die Bedeutsamkeit der Kinderrechte, mit Blick auf die Vergangenheit, wie viel sich bereits getan hat. Zu Beginn wird in besonderer Weise auf die Ergänzung eines Kinderrechtartikels in die Landesverfassung von Rheinland-Pfalz hingewiesen, welche in der Bundesrepublik bisher nicht zu tragen kommt. Des Weiteren wird über die rechtliche Sichtweise hinaus über den Stand der Partizipation und Teilhabe in der Kindheitsforschung berichtet. Teil II: Prinzipien und Herangehensweisen verschiedener Organisationen werden erläutert, insbesondere das Jugendamt wird näher dargestellt. Diese Sonderstellung wird geltend gemacht durch die oft schlechte Meinung der Gesellschaft über die Arbeit des Jugendamtes. Folgend liegt der Schwerpunkt auf der UN-Kinderrechtskonvention und deren Entstehung und nationalen Umsetzung sowie der Möglichkeiten von Partizipation von Kindern und Jugendlichen in Bereichen der Forschung aber auch in Schule, Kindertagesstätten, offenen Kinder- und Jugendarbeit und im Allgemeinen pädagogischen Alltag. Der dritte Teil eröffnet mögliche Perspektiven in der Zukunft in Bereichen der Inklusion, Bundesverfassung im Elternrecht und Gefahren für gefährdete Kinder. Das

Schlusskapitel in Teil IV findet zum Teil kritische Fazits über den aktuellen Stand der Kinderrechte in Deutschland, sowie gute Zusammenfassungen des zusammengetragenen über den Sammelband hinweg. Allgemein finde ich das Buch für meine Arbeit sehr relevant, da es viele verschiedene Bereiche der Kinderrechte und Arbeitsbereiche der Pädagogik abdeckt. Zudem sind die kritischen Ansichten gut begründet und nachvollziehbar. Die übersichtliche Gestaltung ermöglicht ein einfaches Nachschlagen von einzelnen Themengebieten und schnelle Übersicht über die Literatur.

2.6 Kerber-Ganse, Waltraut (2008): Kinderrechte und Soziale Arbeit. In: Widersprüche. Zeitschrift für sozialistische Politik im Bildungs-, Gesundheits- und Sozialbereich. Soziale Arbeit und Menschenrechte, 28. Jg., Heft 107, S. 65-76

2.6.1 Kurzbeschreibung des Inhalts

Hier handelt es sich um eine Fachzeitschrift im Umfang von 120 Seiten. Der hier behandelte Artikel zählt 11 Seiten und ist Thematisch in vier Unterteile Aufgeteilt. 1. Einleitung (S. 65), 2. Eine kurze Einführung in die Kinderrechtskonvention (S. 67), 3. „Die übergreifenden Prinzipien der Konvention" (S. 69)

2.6.2 Kommentierung

Thema dieses Beitrags ist das Verhältnis von Kinderrechten und Sozialer Arbeit. Allgemein ist dieser Artikel sehr provokativ geschrieben und gespickt von kritischen Fragen zum Beispiel eine Äußerung in den Anmerkungen „Als eine Ausnahme von dieser Ignoranz muss der FH Masterstudiengang „Soziale Arbeit als Menschenrechtsprofession" in Berlin betrachtet werden.". Sie kritisiert insbesondere die Stilisierung durch Erwachsene Kinder als schwach und hilfsbedürftig anzusehen, Kerber-Ganse verlangt viel mehr eine Neuüberdenkung der Klassifizierung und Entstehung von Rechten für einzelne Gruppierungen in diesem Fall Kinder und Jugendliche. Dieser Artikel ist, obwohl er im Vergleich zu den anderen Literaturen hier recht kurz ist, dank seiner extrem kritischen ansichtsweisen gut als Vergleich und alternative für das konventionelle Rechtsdenken unserer Gesellschaft zu nutzen. Die Autorin denkt unkonventionell und provokativ, dies beruht insbesondere auf dem Konzept der Zeitschrift „Widerspruch", hier sollen bewusst neue Wege eingeschlagen werden. Ich werde diese Reihe von Zeitschrift gerne weiter für meine Arbeit auch in anderen Bereichen nutzen.

2.7 Krappmann, Lothar/Petry, Christian (Hrsg.) (2017): Worauf Kinder und Jugendliche ein Recht haben. Kinderrechte, Demokratie und Schule: Ein Manifest. Bonn: Wochenschau Verlag

2.7.1 Kurzbeschreibung des Inhalts

Im Laufe von 301 Seiten wird dieser Sammelband in fünf Teile aufgeteilt. Zu Beginn gibt es eine längere Einleitung in das Thema Kinderrechte in der Schule durch drei verschiedene Artikel. Der erste Hauptteil „Was im Argen liegt" behandelt beginnt mit der Geschichte der UN-Kinderrechtskonvention folgend von der aktuellen Situation in Schulen begründet in der herrschenden Heterogenität. Der folgende zweite Teil behandelt alternative Schulformen in Deutschland und deren potential bezüglich Partizipation und Umsetzung von Kinderrechten, Beispiele hierfür ist die demokratische Schule. Kritisch wird anschließend Anstoß auf die fehlende Bildung der Lehrenden bezüglich der nötigen Kenntnisse im Bezug zu Kinderrechte genommen. Anschließend dazu behandelt der dritte Teil insbesondere die möglichen Ansätze für eine bessere Umsetzung von Beteiligung der Schüler/-innen im Schulalltag, der Bestärkung der Schüler/-innen bezüglich ihrer Rechte. Abschließend behandelt der vierte Hauptteil mögliche Partnerschaften für kindergerechte Schulen zwischen Schule, Zivilgesellschaft und Staat.

2.7.2 Kommentierung

Dieses Buch behandelt mit großer Präzision eine alternative Möglichkeit zu unserem Schulsystem. Demokratische Schulen spielen hier eine große Rolle. Hauptziel der Artikel ist es ein Verständnis für die Möglichkeiten der Schule Teilhabe an der Entwicklung der Kinder zu haben in Form von erlebbarer Partizipation, Demokratie, Gerechtigkeit und Toleranz. Gleich zu Beginn werden sehr gut Begrifflichkeiten bezüglich Kinderrechte erklärt und Schule aus Sicht von Kindern erläutert, besonders negative Seiten wie Cybermobbing und Angst vor schlechten Leistungen werden hier behandelt. Anschließend werden spezifisch Thematiken pro Kapitel behandelt, die Spannweite reicht hier durch das komplette Spektrum der Schulbildung, beginnend bei Bewertungssystemen und endend bei Qualität der Schulen. Fast alle Fragen zum Thema Schule, Schüler/-innen, Schulalltag und Bildungsalternativen können in diesem Werk beantwortet werden. Für meine Arbeit ist der Teil zu Beginn in der Einleitung und einzelne Kapitel zum Thema Kinderrechte und Partizipation besonders von Interesse, da hier sehr gut dargestellt wird was die Stärken und Schwächen unseres aktuellen Schulsystems und die Möglichkeiten in der alternativen demokratischen Schulform sind.

2.8 Maywald, Jörg (2008): Die Umsetzung der Kinderrechte als Leitbild in der Arbeit mit Kindern und Jugendlichen. In: Sozialpädagogisches Institut im SOS-Kinderdorf e.V. (Hrsg.), Kinderschutz, Kinderrechte, Beteiligung. München: SOS-Kinderdorf e.V., S. 48-73

2.8.1 Kurzbeschreibung des Inhalts

Dieser Sammelband behandelt die Dokumentation der Fachtagung „Kinderschutz, Kinderrechte, Beteiligung – für das Wohlbefinden von Kindern sorgen" auf insgesamt 206 Seiten. In weiterem wird der Artikel „Die Umsetzung der Kinderrechte als Leitbild in der Arbeit mit Kindern und Jugendlichen" von Seite 48 bis 73 behandelt. Nach einer kurzen Einleitung in das Thema wird ein Blick zurück geworfen in die Geschichte der Kinderrechte, anschließend wird im „Gebäude der Kinderrechte" besonders auf Artikel 2, 3 und 12 der UN-Kinderrechtskonvention eingegangen. Nach dieser Erläuterung wird die aktuelle rechtliche Situation in Deutschland durch die Ratifizierung der UN-Kinderrechtskonvention 1992 dargestellt um im weiteren Textverlauf auf den Vorrang des Kindeswohls einzugehen. Im zweiten Teil des Artikels liegt der Schwerpunkt des Artikels auf der Arbeit mit den Kindern und den Möglichkeiten die Kinderrechte darin einzubinden und den Kindern und Jugendlichen nahezulegen.

2.8.2 Kommentierung

Da das Werk sehr umfassend in seiner Themenabdeckung ist habe ich mich hier speziell auf einen Artikel beschränkt, welcher ausschließlich Kinderrechte in der Arbeit mit

Kindern und Jugendlichen beschränkt. Dies bildet einen optimalen Einblick für unser Berufsfeld und liefert somit einen einfachen Einstieg in das Thema. Besonders hervorheben möchte ich das „Gebäude der Kinderrechte" welches sehr gut differenziert und detailliert dargestellt wird. Beginnend ab 1990 wird zudem die Entwicklung der Kinderrechte in Deutschland bis 2008 (Erscheinungsjahr) gut und detailliert in Abschnitten dargestellt. Positiv angetan bin ich vor allem von der kleinen Gegenüberstellung zwischen den Bedürfnisansatz der Kinder und Jugendlichen und im Vergleich dazu den Rechtsansatz, in allen Lektüren die ich bisher gesichtet habe kommt diese Darstellungsform das erste Mal in diesem Artikel vor. Sie ermöglicht ein besonders schnelles Vergleichen in zwei wichtigen Punkten, dies ist übersichtlicher als in der herkömmlichen Textform. Diesen Artikel werde ich sicher für meine Weiterarbeit zum Thema Kinderrechte in Deutschland verwenden, da es durch seine Übersichtlichkeit und gute Gliederung sowie Themenauswahl und Schwerpunkte überzeugen konnte.

2.9 Maywald, Jörg (2016): Kinderrechte in der Kita. Kinder schützen, fördern, beteiligen. Freiburg im Breisgau: Verlag Herder

2.9.1 Kurzbeschreibung des Inhalts

Diese Monografie umfasst 159 Seiten und ist auf sieben Kapitel eingeteilt. Nach einer kurzen Einführung werden verschiedene Themen rund um Kinderrechte in und um die Kindertagesstätte behandelt. Am Ende gibt es einen Ausblick des Autors für eine mögliche Zukunft.

2.9.2 Kommentierung

Das farbenfrohe Buchcover sticht sehr ins Auge im Gegensatz zu den meist sehr schlicht gestalteten wissenschaftlichen Werken. Allgemein fällt sehr schnell auf, dass Maywald in diesem Buch eine sehr viel einfacherer Sprache wählt als in den anderen Werken, dies ist zu begründen durch die Zielgruppe von größtenteils Erziehern und Erzieherinnen. Das erste Kapitel gibt Einblicke in verschiedene Teilbereiche wie „Das Kind als Rechtssubjekt" und den Vergleich von Kinder- und Elternrecht. Anschließend wird das Bild des Kindes im Wandel beleuchtet, die Veränderungen der letzten Jahrzehnte werden erläutert. Anschließend wird an Beispielen die Umsetzung von Kinderrechten in Kindertagesstätten erklärt in Form von vielen Beispielen werden diese gut erklärt. Gegen Ende werden kritische Themen wie Konflikte und Elternarbeit noch einmal extra Angesprochen, abschließend werden wichtige Punkte zusammengefasst und ein Ausblick, aus der Sicht des Autors, in die Zukunft gegeben. Für meine Arbeit ist dieses Buch nicht weiter von Interesse, da es den fachlichen Ansprüchen der anderen Werke nicht in Gänze nachkommen kann.

2.10 Moran-Ellis, Jo/Sünker, Heinz (2008):Kinderrechte und Kinderpolitik. In: Widersprüche. Zeitschrift für sozialistische Politik im Bildungs-, Gesundheits- und Sozialbereich. „Euch werden wir helfen" – Kinderschutz zwischen Hilfe und Kontrolle, 28. Jg., Heft 109, S. 53-70

2.10.1 Kurzbeschreibung des Inhalts

Die Fachzeitschrift umfasst 118 Seiten, der Artikel in dieser erstreckt sich über 17 Seiten. Dieser Artikel ist durch die Autoren in fünf Abschnitte geteilt worden. Jedes Kapitel behandelt ein Unterthema, es fehlen allerdings Überschriften. Zu Beginn wird der Sinn einer Erziehung dargestellt, Kinder sollen für die Zukunft bestmöglich vorbereitet werden. Es besteht eine enge Verknüpfung zwischen den Themenbereichen Kinderpolitik und Kinderrechte.

2.10.2 Kommentierung

Das zweite Heft aus diesem Jahrgang überzeugt wie das Vergleichswerk in 2.6 durch seine auch etwas kritischen und unkonventionellen Ansichten. Besonders zu Beginn wird sich auf Philosophen und Pädagogen aus verschiedenen Epochen bezogen, deren Zitate nach wie vor Gültigkeit in unserer modernen Gesellschaft zeigen. Alle Kapitel werden in Bezug auf andere Wissenschaftler erarbeitet und wiederlegen oder befürworten deren Ausarbeitungen. In der zweiten Hälfte des Artikels wird eine Theorie nach Zeiher, H. behandelt, welche eine Emanzipationsbewegung in den Generationenverhältnissen beschreibt in Form von der Emanzipation nicht mehr Aufgrund von Geschlecht oder Rasse, sondern Aufgrund von Generationsbeziehungen. Kritisch wird vor allem gesehen, ob wirklich für alle eine Emanzipation erlangt werden kann und ob sie für alle von Vorteil wäre, es würde an empirischen Material fehlen um diese begründen zu können. Auch wenn die UN-Kinderrechtskonvention schwächen aufweist hat sie ihre Daseinsberechtigung, so argumentieren die Autoren für die UN-Kinderrechtskonvention und regen an diese als Fundament für weitere rechtliche Möglichkeiten zu sehen. Dieses Werk ist für meine Arbeit auch weiterhin relevant, auch wenn es nicht als Hauptinformationsquelle dient, viel mehr als kritischer Gegenpol und Querdenker um etwas aus der Reihe zu denken.

2.11 National Coalition/Stadt Osnabrück (Hrsg.) (2004): „Kinderrechte in Deutschland und Europa". Zum Stand der Nationalen Aktionspläne und den Möglichkeiten einer europäischen Zusammenarbeit. Berlin: Arbeitsgemeinschaft für Jugendhilfe (AGJ)

2.11.1 Kurzbeschreibung des Inhalts

Hier handelt es sich um eine Dokumentation des 9. Offenen Forums „Kinderrechte in Deutschland und Europa". Gegliedert ist es nach dem Ablauf der Veranstaltung. Beginnend mit einer Begrüßung, folgend verschiedene Vorträge in Bezug auf die UN-Kinderrechtskonvention, Erläuterungen der Nationalen Aktionspläne in verschiedenen Europäischen Ländern und Abschließend Ergebnisse der Arbeitsgruppen, welche in sechs verschiedene Workshops aufgeteilt sind. Das Buch ist sowohl auf Englisch als auch Deutsch, zuerst wird der Deutsche Artikel dargestellt, anschließend direkt der identische auf Englisch.

2.11.2 Kommentierung

Das Buch umfasst zwar 181 Seiten, allerdings ist durch die Dopplung der Artikel effektiv nur die Hälfte relevant. Die Zweisprachigkeit des Buches ergibt für Leser mit guten Englischkenntnissen eine Möglichkeit die Originalfassung des Textes zu lesen, falls durch die Übersetzung Sinn verloren gegangen sein sollte kann dies von Vorteil sein. Hauptthema der Artikel sind die Nationalen Aktionspläne der Länder welche die Schwerpunkte Chancengleichheit in der Bildung, Aufwachsen ohne Gewalt, gesundes Leben und gesunde Umweltbedingungen, Beteiligung, angemessene Lebensstandards und internationale Verpflichtungen. Besonders interessant für meine Arbeit sind dabei die Übersicht der verschiedenen Aktionspläne und der spezifische Aktionsplan Deutschlands um die aktuelle Situation zu erfassen. Es ermöglicht einen sehr guten Einblick in die Erarbeitung solcher Abkommen, welche Aspekte von Bedeutung sind und wie Prioritäten gesetzt werden ist in anderen Teilen meiner Arbeit durchaus von Vorteil um Autoren und andere Ansichten verstehen zu können. In den Workshops sind feste Ziele und Herangehensweisen für den Nationalen Aktionsplan für Deutschland genannt und es wird ebenfalls die Entstehung der Ergebnisse erläutert, was die leichte Nachverfolgung der Endgültigen Entscheidung nachvollziehen lässt.

2.12 Swiderek, Thomas (2008): Kinderpolitik und Kinderrechte. In: Sünker, Heinz/Swiderek, Thomas (Hrsg.): Basiswissen Soziale Arbeit. Lebensalter und Soziale Arbeit. Band 2 Kindheit. Baltmannsweiler: Schneider Verlag Hohengehren, S. 142-163

2.12.1 Kurzbeschreibung des Inhalts

Der Sammelband ist 181 Seiten lang, der beschriebene Artikel 21 Seiten. Swiderek behandelt das Thema Kinderrechte in Bezug auf Deutschland, die aktuelle Kinderpolitik, Darstellung verschiedener Konzepte und Ansätze in der Kinderpolitik sowie abschließend ein kurzes abschließendes Fazit.

2.12.2 Kommentierung

Dieses Buch überzeugt direkt zu Beginn mit der Erwähnung der Veränderungen von der Beziehung zwischen Schutz und Kontrolle am Beispiel von Großbritannien in der IT-Kontrolle von Kindern und Jugendlichen. Das erste Kapitel „Kinderrechte – in Deutschland" ist für meine Arbeit der wichtigste Teil dieses Artikels. Er gibt Einblick in die Ebenen der Entwicklung der Kinderrechte in Deutschland, die Rolle der UN-Kinderrechtskonvention dabei und des deutschen Kinder- und Jugendhilfegesetz (KJHG). Die zweite Hälfte über Kinderpolitik ist als Hintergrundwissen für meine Arbeit durchaus auch von Interesse, da verschiedene Interessenfelder wie die Gesellschaft, verschiedene Gesellschaftsschichten und den Kinder erläutert werden. Das Fazit lobt und kritisiert in einem die Möglichkeit der Kinder und Jugendlichen sich zu beteiligen, da durch institutionalisierte Projekte die Zielgruppe bewusst in eine zum Beispiel politische Richtung gebracht werden sollen um diese später als Erwachsener vertreten zu können. Mein persönliches Fazit für dieses Werk fällt positiv aus, ich werde weiterhin mit diesem Buch arbeiten.

3. Fazit

Abschließend lässt sich sagen, die Arbeit zum Thema Kinderrechte ist weiterhin sehr wichtig für unser Arbeitsfeld, allerdings ist die Literatur nicht in solchen Massen vorhanden wie in anderen Bereichen, was den Vergleich der Autoren und der Qualität erschwert. Allgemein wird aber deutlich, dass dieses Thema in unserer Gesellschaft immer mehr Gehör geschenkt bekommt und ein Wandel im Gange ist. Die Ratifizierung der Kinderrechte in Deutschland und der seitdem währenden Diskussionen über die Aufnahme der Kinderrechte in das Grundgesetzt verdeutlicht die Priorität dieses Themas. Uns als Pädagogen obliegt eine wichtige Aufgabe in der Aufklärung von Kindern und Jugendlichen über ihre Rechte und ebenfalls diese Umzusetzen in Form von Partizipation und Selbstbestimmung. Unsere Situation in Deutschland ist im internationalen Vergleich verhältnismäßig gut, aber dies ist kein Zustand auf dem sich ausgeruht werden darf. Dies bedeutet nicht das Deutschland überdurchschnittlich gut in der Umsetzung von Kinderrechten ist, sondern die Vergleichsländer (besonders dritte Welt Länder) haben große Probleme bei der Umsetzung. Dies lässt als Fazit ziehen, dass die Situation bei uns in Ordnung ist, aber noch ein langer Weg vor unserer Gesellschaft liegt. Besonders Randgruppen erfahren nach wie vor Benachteiligungen durch neumodische Phänomene wie „Bildungsrassismus" und aktuelle Krisen wie Flüchtlingskinder. Aber ich persönlich denke wir befinden uns auf einem guten Weg, durch eine Einführung der Kinderrechte in das Grundgesetz könnte das Thema effektiver an die breite Masse getragen werden. Zudem sollten Bildungsmaßnahmen zu diesem Thema für Kinder aber auch Eltern eine höhere Priorität bekommen. Eine neue Fragestellung ergibt sich für mich in folgender Form: *„Inwiefern sind partizipierte Kinder in der Lage unsere Gesellschaft nachhaltig im Rechtsverständnis zu verändern?"*